Charly Richesse NDONGO TSANA

Rétroviseur

Charly Richesse NDONGO TSANA

Rétroviseur

Le passé est un phare et non un port

Éditions Croix du Salut

Imprint
Any brand names and product names mentioned in this book are subject to trademark, brand or patent protection and are trademarks or registered trademarks of their respective holders. The use of brand names, product names, common names, trade names, product descriptions etc. even without a particular marking in this work is in no way to be construed to mean that such names may be regarded as unrestricted in respect of trademark and brand protection legislation and could thus be used by anyone.

Cover image: www.ingimage.com

Publisher:
Éditions Croix du Salut
is a trademark of
International Book Market Service Ltd., member of OmniScriptum Publishing Group
17 Meldrum Street, Beau Bassin 71504, Mauritius

Printed at: see last page
ISBN: 978-613-7-37116-9

Rétroviseur

Rétroviseur de manière la plus simple à définir, est ce dispositif à travers lequel nous prenons connaissance de l'arrière. Inspiré par le sens profond du terme, l'auteur nous fait découvrir les souvenirs attachés à cette belle histoire.

La particularité de l'œuvre est tel que :

Les faits attribués illusoires sont pratiquement similaires à nos faits quotidiens ;

Il arrive toujours à tout homme d'avoir quelquefois les regards dans le passé. Chose qui n'est pas mal en soit mais le problème est celui de savoir pour qui faites-vous ressembler votre prochain ? Victime de vos douleurs du passé ?

Par Rétroviseur l'auteur ne fait pas seulement ressortir ce regard lié à notre passé, quel que soit sa nature, mais surtout nous exhorter à l'effort pour la liberté de tous ceux que nous pouvons continuer de garder captifs dans nos cœurs à savoir leur mauvaise emprunte d'hier. L'attitude que vous auriez devant la mémoire de votre passé peut d'une manière à une autre influencer vos agissements du présent. Il y en a parce exemple, ceux qui n'aiment pas partager, non pas seulement que leurs ressources soient de mauvaise gloire (occultiste, magicien…) comme souvent interprété dans mon pays. Mais dans la plupart des cas ces derniers ont un côté victime de non-assistance au passage des temps.

Seulement si tous nous pourrions enfin regarder à Christ, lui qui bien que haï, méprisé, traité de Belzébul, promis et tenter aux lapidations, acceptait à la fin cette coupe de souffrance que lui fit connaitre le père à Gethsémané pour le salut de tous sans exception. Que vous soyez aux nombres de ceux qui l'insultaient ou qui cherchait à le lapider ou encore qui le persécutait comme Saul, pourvu que vous reconnaissez vos péchés et acceptez la repentance qui par la suite sera scellée par le baptême au nom de Jésus-Christ.

Remerciements :

Mes remerciements vont droit à :

- *Dieu le père de notre Seigneur Jésus-Christ lui qui est le donateur de tout don excellent ;*
- *Mon Grand-Père ENGAMBE NGATSIONO Bernard, le dénommé '' Pespet dédique '' (Paix à son âme)*
- *Mon père NTSANA SYLVAIN ;*
- *Ma mère ENGAMBE charlotte Elodie ;*
- *Mon Pasteur NGAMBOMI NGUY Mesmin (Paix à son âme) ;*
- *L'homme de Dieu le Pasteur Akadjé Alfred ;*
- *Madame LUCIENNE ;*
- *Monsieur Pascal ;*
- *L'état Congolais pour sa bourse d'étude ;*
- *Mon éditrice Valérie Peutranu (Editions Croix du Salut édition) ;*
- *Kweme gaël ;*

- *Mes premiers lecteurs pour* ***le jeune Arbre et la Tempête*** *mon tout premier ouvrage ;*
- *A vous qui me lisez ou me relisez à partir du* ***Rétroviseur.***

Table de Matières

Au Village

Retrouvaille familiale autour du feu

- *Ça, c'est au village, tu vois ! l'image a bien l'air très ancien. A l'époque je préparais encore mon CEP, je me rappelle que trois jours avant que nous nous retrouvions comme ça autour de ce feu, je partais accompagner ma mère jeannette aux champs et à ma grande surprise de ce jour-là, je vis à ciel ouvert cet avion qui volait à notre belle portée.*

Ce fut l'un des jours émerveillé de ma vie. Et c'est à partir de ce moment que m'était venu le désir de devenir pilote un jour.

A notre retour des champs je n'avais presque pas dormi cette nuit-là, je ne revoyais que l'image de cet avion dans mon sommeil. Le lendemain matin je me levais pour aller fabriquer un cerf-volant.

Oui ! Justement, se fut la toute première des inventions de mon village. Il fallait le croire cette foule des jeunes gens qui était là à côté de moi. Et c'est comme ça que je m'exprimais par la suite en notre langue Maternelle disant : ***Eyana*** *c'est à dire l'objet volant m'a honoré. Pourquoi cela ?*

Haaaaa, haaaa, haaaa.... J'ai comme l'impression que jusqu'à présent tu ne m'as pas encore reconnue dans cette photo.

Non ! Celui-là c'était mon cousin, paix à son âme. Il nous avait quitté suite à une incendie en plein jour alors qu'il se reposait et il se passait que la maison prit feu.

Oui, depuis lors les maisons en paille de brousse n'inspirent plus confiance. C'était la cause pour laquelle papa avait décidé de détruire l'ancienne maison que tu vois pour ensuite construire une nouvelle en pattes d'argiles.

Tout justement, celui à tête aux pelades c'était moi. Là, c'est parce qu'il faisait nuit et sombre, mes pieds ne pouvaient pas bien se faire photographier sinon tu devais aussi voir l'état de mes pieds comme ils étaient encore rempli de chics.

Personne ne comprenait cette présence massive des chics à pieds. Même mes parents non plus n'arrivaient à comprendre mais des fois ils croyaient que c'était à cause de la saison des manguiers. Vu que derrière la maison se trouvait un manguier et les dits des gens étaient que quand les petites fleurs tombent du manguier, elles suscitent souvent la présence des chics. Mais chose bizarre même en période de non manguiers, j'étais toujours victimes de chics et quelque fois en plus grande nombre que ça. C'est ce qui faisait que mes amis de classe ne voulaient pas vraiment m'approcher quand bien même j'étais toujours majorant de ma classe pendant les évaluations.

Exactement ! Comme toute bonne mère ça n'avait pas été facile à Jeannette d'accepter de me voir dans cet état-là. Le pire encore c'était lorsque les anciens du village soulevaient les propos selon lesquels : ce qui m'arrivait était une manière pour les ancêtres de vouloir m'exclure du nombre des habitants du village pour me renvoyer dans notre forêt « Léfoumba » où je devais aller succéder aux fonctions de mon feu grand père qui à l'époque était interprète entre les esprits de cette forêt et le village.

Tout à fait ! J'ai comme l'impression que tu étais dans les pensées de ma mère en ces jours-là. Evidemment, elle utilisa tout son charme de femme pour convaincre mon père de me laisser partir en ville pendant que je venais d'obtenir mon BEPC qui à l'époque était BEMG.

Si ! Là tout allait déjà mieux, sauf que les pieds étaient encore sous l'effet de la déformation. Vu qu'ils avaient vraiment été affectés.

*** *** ***

En Ville chez sa Tante

- *Ça ! c'est à la maison chez ma Tante Madeleine, la cousine de mon père en ville. Tu vois ce canapé c'est là que j'avais été reçu à mon arrivé et c'est aussi là que je faisais presque tout jusqu'à ce que je vais quitter cette maison.*

C'est là que je m'assaillais quotidiennement, c'était-là que je mangeais, c'était-là que j'étudiais, c'était aussi là que je passais mes nuits.

Oh non ! Si la question était celle de l'insuffisance des chambres comme telle, je n'aurais pas vraiment besoin de me plaindre. Pourtant la maison disposait à elle seule trois chambres, ma tante et son mari occupaient une et les deux autres revenaient à l'occupation de leurs deux enfants, un garçon et une fille.

Tu vois toi-même que je pouvais tout de même partagé une chambre avec son fils ? Exactement ! Je m'étais toujours posé de telles questions !si par hasard le problème était le fait qu'elle n'était pas une sœur directe pour mon père, ou peut-être qu'elle continuait de garder rancune de ce que je n'avais rien apporté à la maison à mon arrivé du village.

Non ! Toi aussi, penses-tu que papa pouvait me faire partir chez sa cousine sans lui faire un petit colis ? La raison n'est pas que je n'avais rien ramené du village.

J'avais ramené du village des colis qui malheureusement m'avaient été volés à la gare avant l'arrivée du fils de cette tante.

Ce jour-là j'avais l'impression que ma place n'était pas en ville et que je devais retourner au plus vite. Evidemment ! C'était comme une sorte de poisse mais après j'avais fini m'intégrer.

*** *** ***

Aux eaux de Baptême

- *Ça c'était le jour de mon baptême comme le montrent les eaux et mon corps tout mouillé. Non ! celui-là il n'était pas programmé au baptême puisse qu'il était déjà baptisé bien des années avant ce jour-là, il s'appelait* Jaïdas*. Sa joie s'identifiait bien à ce que le Seigneur Jésus-Christ dit dans Luc 15 : 17 : De même, je vous le dis, il y aura plus de joie dans le ciel pour un seul pécheur qui se repent, que pour quatre-vingt-dix-neuf* *justes qui n'ont pas besoin de repentance. Il le méritait cette fierté devant la gloire qui revenait à Dieu, de savoir qu'enfin au travers de lui le Seigneur pouvait gagner mon cœur jusqu'à ce que j'accepte les eaux de baptême. Et sais-tu ce que l'apôtre Paul dit au sujet du baptême ?*

Dans Romains 6 à partir du verset 3 il dira ceci : Ignorez-vous que nous tous qui avons été baptisés en Jésus-Christ, c'est en sa mort que nous avons été baptisés ?

Nous avons donc été ensevelis avec lui par le baptême en sa mort, afin que, comme Christ est ressuscité des morts par la gloire du Père, de même nous aussi nous marchions en nouveauté de vie.

En effet, si nous sommes devenus une même plante avec lui par la conformité à sa mort, nous le serons aussi par la conformité à sa résurrection,

Sachant que notre vieil homme a été crucifié avec lui, afin que le corps du péché fut détruit, pour que nous ne soyons plus esclaves du péché ;

Car celui qui est mort est libre du péché.

Tu vois ? Devant toutes ses révélations attachées aux eaux de baptême, comment ne devait-il pas être si joyeux pour moi ? Et là encore c'est parce que je ne t'ai pas fait savoir tout le chapitre sinon il y en a bien d'autres merveilles qui sont attaché aux eaux de baptême pour l'âme qui croit au nom de Jésus-Christ.

Tu sais ! Depuis longtemps je n'aime plus parler de ma vie avant la conversion pour éviter certains mauvais souvenirs de jeunesse. Pour te faire plaisir je vais en parler un tout petit peu.

Quand je quittais la maison de ma tante je n'avais pas vraiment les moyens pour me prendre une maison, mais c'était parce je venais d'être victime du filet de Mirielle, une fille à papa. Son père avait beaucoup d'argent, elle était l'unique fille de son père et donc la plus gâtée et chérie de son père. Et comme une parasite je commençais à vivre au dépend d'elle.

Tout avait commencé lorsque pendant les tous premiers devoirs de classe j'étais majorant, elle commençait par me jeter les bouts de papier dans la classe aux heures de pause et quelque fois en plein cours.

Mais je ne comprenais pas encore l'expression de ses gestes jusqu'à ce que quelques-uns de mes collègues me fassent comprendre que la fille me faisait des avances et que je devais saisir l'opportunité à savoir le rang social de sa famille.

Oui ! Je dois aussi avouer qu'elle était très belle de figure et qu'elle attirait tous les hommes sur son chemin ! Ce que j'aimais aussi le plus en elle, s'était ce sourire, elle avait ce sourire acoustique. Quand elle souriait, elle semblait ne pas sourire mais chez celui qui observer ça suscitait un plus grand.

Et un soir à la sortie des cours je décidais de faire comme les autres jeunes gens ! C'est-à-dire à l'attendre à la sortie du lycée pour chercher à l'accompagner.

A sa sortie pendant qu'elle était à côté du portail je l'approchais tout courageusement pour lui demander ce qu'elle attendait toute seule devant le portail et si je pouvais l'accompagner. Sans pourtant que je ne sache à quel point le malheur me guettait déjà de plus près.

Elle m'avouait donc qu'elle attendait leur chauffeur qui devait passer la chercher.

Mais tu sais quoi ? Ce soir-là, le chauffeur n'était plus passé et c'est moi qui devais l'avais ramené à la maison avec mes paroles qui se véhiculaient de ruelles en ruelles. Depuis lors nous étions devenus très proche l'un à autre.

Comme pour tout début c'était la plus belle des histoires jusqu'à ce qu'elle devenait difficile à raconter. Avant que le temps me prouve le contraire de ce que je pensais être un exaucement de la part des ancêtres vu la situation que je traversais dans le foyer de ma tante, la connaissance de la jeune fille était pour moi un soulagement, puisse que je venais d'abandonner le canapé de ma tante, dans lequel je passais mes nuits pour un studio aux frais de la jeune fille.

En ce temps là pour tout soutien je faisais référence à Mirielle, jusqu'à ce que Richard, ce professeur de Mathématiques, commençait lui aussi à faire des avances à la fille. Je devenais alors une proie face à la jalousie de ce professeur c'est ainsi que je doutais maintenant de mon rêve de pilote puisse que j'avais déjà ce pressentiment de ne plus continuer à poursuivre la série C.

Coincé comme un agneau en présence d'un Ours, je finis par trouver en ce professeur la nature de prédateur pour mon rêve de pilote. C'était très douloureux de réaliser qu'à cause d'un manque infondé de deux points je ne pouvais plus poursuivre la série C à la poursuite de mon rêve pour une autre série cette fois-là.

Bien que je venais quand même de passer en classe supérieure mais c'était comme une joie suivit de tristesse de cette mère qui venait de mettre au monde puis par ensuite rendait l'âme. Joie parce qu'elle venait d'accomplir son devoir de bonne femme, pendant que d'autres avortaient, et la tristesse c'est qu'elle ne pourrait plus vivre pour assister au parcourir de l'enfant qu'elle espérerait à tout prix le voir bien grandir.

Je ne pourrais que dire que la fille avait été avisée du malheur qui m'arrivait en ce temps-là ! Déjà en cette période où le professeur commençait à me persécuter je la voyais déjà s'éloigner de moi.

C'est ainsi que je me vis comme à la poursuite du bonheur qui autrefois me suivait, mais dommage que je ne pouvais plus l'attraper puisse qu'il courrait maintenant plus vite que moi. Pourtant faisait-elle encore semblant d'être là pour moi quand je l'entendais s'exprimer : Arrêtes de trop te lamenter, la distance de cette séparation n'est pas comparable à celle de deux pays éloignés. Certes que nous avons aujourd'hui des départements différents, quelque fois les emplois du temps aussi vont se juxtaposer mais nous demeurons malgré tout dans le même établissement, c'est toujours la même cour que nous allons partager. Alors ne laisse pas cette légère séparation t'abattre jusqu'à ce point, notre situation de séparation n'est pas la plus pire parmi tant d'autres. Si donc deux personnes séparées pour un pays à un autre pourraient toujours continuer à s'aimer l'un et l'autre pour de vrai jusqu'à leur nouvelle rencontre, pourquoi donc la nôtre ne devrait-elle pas aussi continuer de témoigner l'amour.

Chaque fois que tu penseras à une partenaire qui partagera avec toi la même vie, je serai là pour toi. Courage mon amour, courage chou, je sais que ces résultats ne te ressemblent pas du tout, d'ailleurs tu avais plus de bonnes notes que moi, il a dû certainement se passer quelque chose lors des calculs de moyenne, mais c'est dommage que les réclamations ne sont pas à l'ordre du jour !

Oui ! C'était vrai que d'un côté la fille était plus expérimentée que moi car jusque-là je n'arrivais toujours pas à me méfier de ses consolations trompeuses et je me rappelle que la seule phrase que je lui avais adressée sur le champ c'était : le travail d'arrosage qu'exerceraient les cultivateurs pour l'accroissement des plantes est toujours indispensable quel que soit la connaissance de la pluie. Car bien qu'elle mouillerait au mieux le sol pourtant à force de tomber elle finirait aussi par donner un autre travail au cultivateur comme par exemple celui de revoir l'état des sillons puisse que les lieux devenaient stagnantes et que ces derniers n'étaient plus à leur bon état. Tel serait ce qui risque de causer tes absences avec des nouvelles présences occasionnées. Quel mal encore me veulent à présent les ancêtres je pouvais ajouter.

Mais comme toute personne qui essayerait de faire bonne apparence elle était encore-là pour me dire :

Courage mon prince charmant, l'avenir est aussi fait de surprise que nous les hommes nous ne pourrions toujours les définir à priori de notre bien tant présent comme futur. Ce qui t'attend par la voie de cette nouvelle série serait peut-être plus honorant, plus bénéfique que ce que tu rêvais sans cesse par la voix de cette ancienne série. Tu sais un jour quand nous étions assis en famille notre père nous disait certes qu'il soit un non croyant par rapport aux croyants pratiquants mais il n'est pas au nombre de ceux qui nient l'existence de Dieu, ni celle de Jésus-Christ et que personne à son avis ne pourrait s'échapper à la volonté céleste qui devant chacun est une destinée à parcourir et que cette dernière ne devrait jamais être à comparer aux autres. Lui qui aspirait tellement au travail de bureau puisse qu'il voulait tant valoriser ses diplômes pour un poste qui devrait lui ressembler mais hélas que le destin pouvait fort le réclamer dans les affaires et le voilà aujourd'hui cet homme d'affaire à qui les gens accordent beaucoup de respect, d'importance, d'admiration devant grand nombre de fonctionnaires de l'état. Et pour son rêve de fonctionnaire disait-il encore, regardez à votre mère ma femme et à votre frère aîné, mon fils qui font la vie de mon rêve de bureau. En conclusion, ajoutait-il aujourd'hui je suis fier du parcours de vie que j'ai mené jusqu'à ce stade même si hier il pouvait sembler déplaisant. Alors ressaisies-toi mon très cher et essaie de te plaire de cette direction, me disait-elle.

Non ne t'attriste pas c'est du passé, même s'il reste toujours difficile à digérer.

Tu sais ! Toutes ces consolations semblaient plutôt comme des moments du renforcement des vœux pendant ce temps ils étaient en réalité comme des moments de victoire pour Monsieur Richard que je voyais déjà plus près de la fille puisse que désormais il devait maintenant l'enseigner toute seule dans la salle sans ma compagnie. J'étais donc le plus malheureux dans cette affaire puisse que je ne venais pas seulement de perdre le temps que j'avais investi pour aimer la jeune fille mais surtout mon rêve de pilote tant rêvé qui venait d'être brisé. Mais comme l'éléphant n'a jamais renier son nez combien il est pesant, je pouvais tout de même affronter la réalité pour cette nouvelle série.

Et pendant que je pouvais déjà voir venir la séparation entre la fille et moi, tout avait fini par devenir un jeu de cache-cache entre Mirielle et moi. Mais bien que cela je ne pouvais pas toujours la quitter des yeux jusqu'à ce qu'elle décida de me briser le cœur en sorte que je m'éloignais définitivement d'elle. La décision ayant été consumé, elle avait fini par se jeter dans les bras de Richard son actuel et unique Professeur en ce temps-là pourtant, l'ex professeur l'était-il devenu pour moi. Le plat de l'amour de la jeune fille avait été tellement pimenté que je ne pouvais continuer à l'avaler il fallait donc le vomir en pleine table. J'avais donc fait sortir de mon cœur de façon définitive la jeune fille le jour où j'avais surpris ce Monsieur avec elle dans un restaurant en ville, la main dans la main, avec les tendances des vrais amoureux ! Depuis là tout ce que j'essaie de me rappeler de ce jour c'est que j'avais été conduit dans un centre hospitalier suite à une crise. Comment j'avais fait cette crise et par qui j'avais été transporté jusqu'au centre hospitalier je ne trouvais aucune importance de le savoir.

Je te dis ! Lorsqu'une femme arrive à t'aimer de tout son cœur c'est comme si Satan lui-même commençait à t'aimer bien que le savons tous que le diable ne sait pas aimer et aimer n'est pas de sa nature, mais quand cette dernière décide de te décevoir, ça devient comme pour le cas de quelqu'un qui venait de susciter la colère de Dieu. Et dis-moi qu'est-ce qui pourrait apaiser la colère de Dieu si ce n'est qu'il le décide en lui-même de l'apaiser ? Irrites un roi et espère encore à la vie puisse que Dieu pourrait par la suite apaiser sa colère puisse qu'Il tient entre ses bras même les cœurs des rois nous disent les écritures mais Dieu qui détiendrait le sien entre ses mains ?

Soucieux de mon avenir, j'avais donc décidé de changer d'établissement scolaire et c'est suite à ce changement d'établissement que j'allais faire la connaissance de ce joyeux frère que tu vois sur la photo.

Tu vois un peu à quel point je pouvais avoir sujet d'en vouloir à la fille ?

Non, Je ne regrette pas, malgré tout, de l'avoir rencontré. Même si nous n'avions pas été ensemble, pour toujours, je ne peux regretter chacune de ces secondes à ses côté. Lorsque je pense que nul était sa connaissance pour une telle séparation je ne devais peut-être pas aller rencontrer ce jeune chrétien aux côtés de qui je vais connaitre le Seigneur.

Oui, il est vrai que je devais toujours finir par croire, mais la notion du temps est aussi très importante aux yeux de Dieu si du moins elle est importante comme ça aux yeux des hommes. Aujourd'hui je réalise que le temps de notre séparation était bien un bon moment pour ma conversion. Mais Au-delà de tout, une chose est vraie la compagnie de la jeune fille m'était indispensable, non pas seulement en matière financière mais aussi moralement. Car je me rappelle encore de la nouvelle appréciation que j'avais pour la vie après une soirée de tête à tête avec elle. '' Elle'' : quand j'étais encore toute petite jusqu'à un certain âge, j'avais plus l'estime d'un enfant de riche, j'aimais bien cette vie de luxe mais depuis le jour où j'avais compris une chose, c'est que mon père pour qui je pouvais me vanter de ses biens n'était pas né riche non plus dans une famille riche et que pour devenir ce qu'il est devenu en ayant ce qu'il a aujourd'hui ça lui coûta beaucoup d'effort et de sacrifice. J'avais donc décidé de changer ma mentalité de vie. Tu sais mon père n'est pas un être éternel comme tout autre et s'il arrivait qu'il mourrait demain avant que nous ne soyons situés dans la société mes frères et moi, la précarité ne serait toutefois pas loin de nous déjà l'héritage est à partager avec la famille, et il reste à savoir si nous pourrions bien gérer ses affaires de façon à toujours conserver ce seuil de vie actuelle. Tu ne peux pas imaginer la tristesse que j'avais ce jour-là lorsque j'entendais notre tante paternelle et soit disant croyante dire à notre tout dernier pensez-vous que cette vie de confort que vous vivez vous la vivrez à vie, attendons de voir ceux à quoi vous vous ressembleriez après la mort de votre père. Réalises-tu comme ça me serait difficile de m'adapter à la vie si notre père nous quittait déjà ? Non ce que je venais de vivre n'était pas vraiment la véritable raison de ma conversion d'ailleurs j'avais toujours le cœur endurci pour les choses de Dieu jusqu'à ce que je vais découvrir l'histoire de la famille de ce frère.

Au début de ses approches sous la couverture du nom de Jésus-Christ, je pouvais le traiter de fanatique, d'un zélé ignorant pour Christ jusqu'à ce qu'il m'avouait le témoignage de sa réelle conversion en Christ :

Mon ami m'appelait-il, ce jeune que tu peux considérer comme un incervelet de Christ aujourd'hui était autrement un bon ennemi de la foi comme nombreux de jeunes gens du vivant de son père puisse qu'il ne se voyait pas encore aux nombre des fils orphelins de Dieu, comme IL le dit dans Psaume 68 : qu'il est le mari des veuves, et le père des orphelins. Mon père était l'un des grands hommes de ce pays mais pauvre de lui il n'avait dans sa vie que les créations sans penser au créateur.

Pour lui Dieu ne regarderait seulement au cœur et se glorifier de ses bonnes œuvres lui valait la peine. Mais ce que nous ignoraient tous c'est que celui qui n'a pas l'esprit de Dieu ne lui appartient pas, c'est comme ça que lorsque la mort précoce c'était présenté devant lui ce jour-là en plein il se retrouvait tout seul sans défense. A chaque fois que revient l'anniversaire de notre toute dernière sœur je revois toujours l'image de maman au téléphone lorsque sa secrétaire appelait pour annoncer la mort de papa suite à une crise cardiaque de cinq minutes seulement. Depuis lors je commençais à réaliser qu'il avait depuis-là en moi un grand vide que je croyais le récompenser avec l'existence de notre père.

L'intelligence de son côté pouvait m'emmener à croire que l'héritage de papa nous réconforterait quand même dans les premiers temps de sa disparition mais malheureusement ses parents confisquèrent tous les biens de grandes valeurs et quant aux comptes bancaires n'en parlons plus.

Seuls contre tous nous nous étions retrouvés coincé ma mère, nos deux sœurs, notre frère ainé et moi, et pendant que la défunte grande, mère de papa essayait de nous protéger elle se voyait elle aussi comme sans force face à ses frères à qui chacun se vantait et rappelait ses finances dans la scolarisation de papa puis de la coutume qui établit de tout droit le neveu du décédé comme prioritaire, ce gérant de tous les biens de grande valeur. Il fallait donc déjà que l'on s'habitue de vivre sous la tutelle du neveu de papa.

Dure à surmonter mais ç'avait tout de même été surmonté. Comme le malheur ne vient jamais seul deux ans après la mort de notre père c'était apparemment le tour de maman de nous quitter puisse qu'elle était gravement tombée malade. La décision était autre que celle de tout vendre pour la petite part de bien qui nous revenaient. En dépit de ça maman était toujours sur le point de rendre l'âme. A peine on avait du mal à digérer le vide que la disparition de papa venait de laisser en nous, c'était à présent l'état de santé de maman qui inquiétait tous. C'était donc pendant ce temps du soir que la lumière de Dieu resplendît enfin sur nous lorsque notre frère aîné allait faire la connaissance de notre actuel pasteur qu'il avait ramené à la maison afin de prier pour maman. Oui Hébreux 13 :12 dit la vérité que hier aujourd'hui à jamais jésus n'a pas changé. Le même jésus qui autrefois ressuscita Tabitha d'entre les morts au travers de Pierre son serviteur, demeure le même jusqu'à nos jours. Alors ce jour-là, Dieu décida d'enfanter en nous ce plus grand miracle qui soit c'est-à-dire celui de la conversion de nos âmes. Maman pouvait déjà répondre son activité et prendre soins de nous comme elle le pouvait avec l'aide de ciel. Dieu faisant toujours toute bonne chose en son temps, aujourd'hui voilà notre grand frère qui est fonctionnaire important de l'état et la grande sœur qui est mariée à un homme d'affaire parmi les fidèles de l'église.

- *Je me vis par la suite très ému par l'histoire de sa famille à savoir que Dieu peut tout faire pourvu seulement que ça soit le temps pour lui d'agir. J'avais donc fini par comprendre qu'en Christ il Ya ce bonheur que mon ancienne vie de péché, de rituelles, d'illusions de croyance ne pouvait pas me le procurer, non plus le nombre de richesse ou bien qu'on aurait amassé sous ce soleil sans Christ. Je n'avais donc plus rien attendre pour accepter réellement de courir avec Christ en commençant par renoncer à tous ceux à quoi je continuais de trouver gain selon le monde et je me fis baptisé au nom de Jésus Christ. C'est fabuleux n'est-ce pas ?*

***   ***   ***

Nouvelle visite au Village

- *Ça c'était lors de ma visite au village à la nouvelle de la maladie de mon père. C'était en pleine période scolaire que j'avais reçu la nouvelle de la maladie de mon père et pire encore en cette année-là je préparais mon BAC. Ce matin-là on m'apportait cette lettre scellée en dessus avec cette indication : A mon cher fils ! Et quand je l'ouvris j'avais les larmes aux yeux pour ce que je lisais, puisse qu'elle disait : Cher fils la voix des mots que tu pourrais entendre reste encore la mienne même si elle n'est plus aussi à son bon état par contre les mains qui les interprètent sont bien étrangères à mon corps. Avec quelles mains pourrais-je encore tenir un stylo ? Si demain après cette lettre il te parviendrait par la suite un communiqué de décès, sache que ce que je voudrais te dire en ce moment précis ça serait d'être fort ;*

N'oublies jamais le ce pourquoi tu étais parti en ville et comment tu étais parti. Derrière moi je laisserais dans ce village ta mère et ta sœur ;

Laisse donc que mon repos se fasse en paix si ça l'était déjà le cas sachant que tu seras toujours là pour ta mère et ta sœur comme tu as toujours souhaité de faire en ma présence ;

Je sais l'amour que tu as pour moi ton père et je le sais aussi bien que tu ne pourrais supporter de passer encore même un seul jour sans chercher à avoir de mes nouvelles de plus près ;

Mais à ce que je sache tu es déjà à quelques pas de ton examen alors je t'en supplie fils accepte de souffrir pour ne pas revenir si tôt au village sans que tu aies d'abord passé ton examen ;

Et combien même je serais déjà dans ma tombe vient quand même me voir avec ce diplôme. Tu as ma bénédiction mon fils ;

Rappel toi que ta réussite compte non pas seulement pour moi mais aussi pour ta sœur et ta mère. C'est pourquoi je ne voudrais pas que pour moi seul tu mettes aux adieux les espérances de ta mère et de ta sœur car qui sait si pendant que tu te mettrais en route vers nous, je serais déjà parti pour rejoindre les ancêtres ?

Courage, tu as ma bénédiction, que la vie soit toujours ouverte devant toi ! C'était là les derniers mots de cette lettre

Malgré le cœur tout brisé j'avais quand même fini par retrouver le moral dans les veilles de l'examen. Au soir des résultats c'était la joie et il fallait voir comme je me précipitais maintenant de rentrer visiter mon père !
Après trois d'absence au village la particularité de mon retour ce jour-là était que mon père qui depuis un mois n'arrivait plus à parler repris parole bien que c'était encore avec difficulté mais il pouvait à nouveau se faire écouter. C'est alors qu'il pouvait me dire tout doucement :

Mon fils je pense peut être que la dernière bonté que j'avais auprès des ancêtres était plutôt celle de revoir ton visage avant que je m'en aille les rejoindre et je me réjouis déjà beaucoup pour ça car après tout ce moment que mon état pouvait se dégrader la vie ne s'est pas éloignée de moi jusqu'à ce jour !

Comme il continuait encore de parler je n'avais pas hésité de l'interrompe dans ses confessions négatives

"Moi" : Père ne sais-tu pas que la vie et la mort sont au pouvoir de la langue ? Pourquoi te condamnerais-tu toi-même comme ça père ?

C'était là une parole qui sonnait très fort à l'entendement de mon père qu'il commençait à rectifier ses affirmations :

"Lui ": Je pensais que ce à quoi pouvait s'attendre quelqu'un de mon état n'était que la mort et c'est de notre coutume d'affirmer la mort devant l'état de santé comme la mienne. Rappel toi de ton grand père ! Mais d'où vient donc cette parole que tu viens de prononcer tout à l'heure ? Est-ce là ce que vous aviez aussi étudié à l'école ?

"Moi": père, l'école ne pourrait nous apprendre que les préliminaires de la vie quant aux idéals c'est avec le Seigneur Jésus-Christ que nous les apprenons au moyen de la parole de Dieu couramment appelé la Bible. Et ce langage que tu venais d'entendre de moi est l'une des confessions du livre de proverbes au chapitre 18, le verset 21

"Lui " : Mon fils mon âme est partagée de joie et de tristesse ! Ma joie c'est que tu as maintenant une âme qui sait faire face aux défis de la vie ! Mais comme je suis tout de même triste de te voir offenser les ancêtres avec ta nouvelle à ce dieu (Dieu) étranger ! Et qui sait si ça pouvait être à cause de ta rébellion de croyance vis-à-vis des ancêtres suivie de l'acte que ta mère et moi avions posé en te faisant partir du village pendant que tous les anciens du village se soulevaient pour t'investir dans les fonctions de ton grand père que je me vois comme punie par les esprits des ancêtres à la place de ta mère et toi ?

"Moi" : Non père ce Dieu en qui je crois, ne pourrait être étranger vis-à-vis de vous et même de ces anciens qui vous persécute puisse qu'il est le Dieu créateur de tout, des

hommes que nous sommes, des animaux, des poissons, des cieux et de la terre. Ecoute ce que dit le prophète Esaïe et Jean disent à ce propos :

Esaïe 49 :5-6, Maintenant, l'Eternel parle, Lui qui m'a formé dès ma naissance pour ramener à lui Jacob, Et Israël encore est dispersé ; Car je suis honoré aux yeux de l'Eternel. Et mon Dieu est ma force

IL dit : C'est peu que tu sois mon serviteur

Pour relever les tribus de Jacob

Et pour ramener les restes d'Israël : Je t'établis pour être la lumière des nations, Pour porter mon salut jusqu'aux extrémités de la terre.

Vois-tu père comment le salut de Dieu au travers de Jésus-Christ comme va l'affirmer Jean1, devait s'étendre jusqu'aux extrémités de la terre aux nombre desquelles la nôtre ne pourrait être exclue ?

Maintenant pour la punition que tu parles, pourquoi donc les esprits des ancêtres devraient te punir à ma place si moi qui sois la victime principale je suis bien en vie ?

Ecoute donc ce que Dieu lui-même dit dans Deutéronome 24 :16 « On ne doit pas faire mourir les parents pour le péché de leurs enfants. On ne doit pas faire mourir les enfants pour les péchés de leurs parents. Un être humain ne peut être mis à mort que pour ses propres péchés.

Si donc Dieu ne peut traiter de coupable un père à la place de son fils pourquoi les simples esprits qui tirent en Dieu l'existence se mettraient-ils en colère contre toi jusqu'à réclamer tes jours ? Non c'est trop injuste

Tu sais après seulement ce petit moment d'échange entre mon père et moi, presque tout le village fut mouvementé par la radiotrottoir qui en est rien de temps rapporta aux oreilles des anciens du village les nouvelles de mon retour et de ma nouvelle croyance.

- *Menacé d'être pourchassé dans les 48h qui s'en suivaient, je fis malgré ça entendre ma voix avec beaucoup de supplications de sorte qu'on me permit quand même de passer une nuit avec mon père. Le lendemain matin avant mon départ je fis une prière de foi en faveur de mon père. Ce fut donc une prière de foi comme le dit la parole de Dieu dans jacques chapitre cinq (5) verset quatorze et quinze : Quelqu'un parmi vous est-il malade ? Qu'il appelle les anciens de l'église et que les anciens prient pour lui, en l'oignant d'huile au nom du Seigneur ;*

La prière de la foi sauvera le malade et le Seigneur le relèvera ; et s'il a commis des péchés, il lui sera pardonné,

Lorsque peu de temps après mon retour en ville, j'avais reçu cette nouvelle lettre en provenance du village dans laquelle cette fois-là mon père écrivait avec ses propres mains et signifiait alors son rétablissement. C'est ainsi que mon père, ma mère, ma sœur et un certain nombre des anciens du village décidaient de s'abandonner à Dieu.

***   ***   ***

A l'hôpital

- *Ça c'était à l'hôpital ! ce jour-là à ma sortie de l'église je rencontrais l'un de nos anciens collègues du lycée qui m'apprenait que ce*

professeur de Mathématique était hospitalisé et que c'était grave. C'est alors que le jour suivant je décidais de partir lui rendre visite.
Celui allongé au lit c'est justement lui et cette femme au visage très triste c'était-là son épouse. Effectivement je pouvais moi aussi s'interroger de ce qu'il cherchait derrière les petites filles du lycée avec une élégante et si belle femme comme celle-là. Ce visage tout triste c'était surtout parce qu'elle n'arrivait toujours pas à croire qu'après tout ce que son mari m'avait fait j'avais malgré ça le cœur à courir à sa visite et à prier pour lui. C'est comme ça qu'elle m'avouait son cœur :

"Elle " : J'étais tellement triste d'apprendre la confession de mon mari face à tout ce ce qui c'était passé entre vous à quelques jours

de son baptême. Ce que tu ne sais peut-être pas c'est que cette relation avait voulu couter la vie de la jeune fille. Tout ce que je peux encore me rappeler pour ces temps-là c'est que mon mari se plaignait d'avoir les problèmes aux services et que cela nécessitait suffisamment d'argent mais ses problèmes étaient restés inconnu jusqu'au jour de sa confession. Il s'est passé, c'est que la fille était tombée enceinte et il fallait procéder par curetage. Mais ça n'était pas chose facile pour la survie de la fille. C'est comme ça qu'il était parti se prononcer responsable aux près de la famille de la fille sans pourtant m'en parler et n'avait non plus signifié à la famille de la fille qu'il était belle et bien marié, père de deux enfants. Son alliance que tu vois au doigt de cela (8) huit ans que je le lui avais fait porté devant le Maire, les parents, amis et connaissances.

Seulement il l'enlevait à chaque fois qu'il se rendait au Lycée, pour se faire passer de célibataire. Il est arrivé de fois de se rendre compte qu'il me trompait avec les petites filles malgré tout l'amour que je pouvais lui donner comme pour toute bonne femme. Mais quelque part je disais peut être que le Seigneur voulait m'éprouver. Quand nous nous étions mariés personne de nous deux ne connaissait encore le Seigneur Jésus-Christ, c'est deux ans après notre mariage que je vais accepter le Seigneur c'était donc au nom de la foi que je me réservais de ne pas divorcer si vite croyant à ce que dit l'apôtre Paul dans le livre de 1 Corinthiens 7 : 12-14 « Si un frère a une femme non-croyante, et qu'elle consente à habiter avec lui, qu'il ne la répudie point ; 13- et si une femme a un mari non-croyant, et qu'il consente à habiter avec elle, qu'elle ne répudie point son mari.

14- Car le mari non croyant est sanctifié par la femme, et la femme non croyante est sanctifiée par le frère ; autrement, vos enfants seraient impurs, tandis que maintenant ils sont saints » Et quand je pensais aussi au fait qu'il pouvait se comporter avec fidélité avant même que nous nous marions j'acceptais de tout saisir sous la couverture de la foi. Depuis là je demandais à mon mari de te retrouver afin que nous te présenter nos excuses et savoir s'il pouvait avoir lieu de le réparer, Dieu merci qu'aujourd'hui nous t'avons retrouvé, mon mari et moi regrettons de tout notre cœur pour tout ce qui s'était passé jusqu'à ta désorientation comme il l'avait manigancé.

Tu ne pourrais imaginer ce que je ressentais ce jour-là à entendre sa femme m'avouer toute la vérité sur mon rêve de pilote que je n'ai pas pu concrétiser.

Face à l'humilité du cœur de cette dame, continuer à garder Monsieur Richard dans cœur comme ce coupable, me semblait depuis lors sans importance. Toutefois les choses ne pourraient plus revenir en arrière ! La joie que j'avais à partager avec cette dame ce jour-là était de savoir que finalement son mari venait de donner sa vie au Seigneur Jésus-Christ.

Mais tu sais l'idéal avec cette photo, c'était plutôt pour ce qui venait de se passer avec moi à Tôlas !

*** *** ***

Au Parc Zédou à Tôlas
(Pays chaleureux de l'Europe)

- *ça c'était l'un des parcs de Tôlas en construction à l'époque ! Cette image me fait toujours penser à mes deux dernières années à Tôtas au cours desquelles j'avais été épargné de la prison.*

Cette Nuit-là du samedi pendant que je revenais d'une fête d'anniversaire aux environs de Minuit 30, je vis entrer à vive allure dans ce parc une Mercedes Noir qui en un rien de temps sorti de là à cette même vitesse. C'était comme ça que je décidais de m'approcher de plus près. Et pendant que j'étais sur le point d'ouvrir ce gros sac noir, soudain arriva la Police.

Oui ! C'était la pire des nuits que j'avais à passer à Tôlas ! A l'interpellation de l'Adjudant-chef furieux j'avais ressenti comme si le cœur en moi se coupait en réalisant que l'unique document que j'avais sur moi cette nuit-là était ce petit album photo que j'aimais bien ramener sur moi partout.

Bien évident cette nuit-là je l'avais passée au poste de police.

Lendemain matin lui-même l'inspecteur de la police décidait de m'interroger ! Non il n'avait pas l'heure furieux comme l'Adjudant-chef pourtant il était quand même ferme dans ses interrogations :

"Mr l'inspecteur " : Que faisais-tu à cette heure-là dans les lieux du parc devant ce sac à cadavre ?

"Moi" : je lui fis comprendre que je revenais de la fête d'anniversaire d'un ami ! Mais lorsqu'il découvrit que ce dernier était originaire du pays voisin au notre il se laissait gagner par l'histoire de nos différents pays pour mettre en doute mon argument !

"Mr l'inspecteur" : N'est-ce pas qu'il n'y a jamais eu de fraternité entre vos deux pays ? Alors d'où vient donc cette fraternité entre vous ici à Tôlas ?

"Moi" : le manque de fraternité entre nos différents pays c'est bien ça l'apologie des médias occidentaux pour les affaires

concernant l'Afrique. Sinon qui s'est déjà rendu dans mon pays et n'a pu recenser même pas un seul ressortissant de son pays ou vice versa ? La politique européenne et occidentale pour l'Afrique nous l'avons déjà compris, cette politique de bien divisé pour mieux régner. Mais il est aussi vrai que ce qui continue plutôt de faire le malheur d'Afrique ce sont ses dirigeants, de ces hommes qui se soucient plus de leurs propres intérêts que de ceux des peuples. Et depuis lors l'Afrique demeure victime de prédation de toutes sortes. Les conséquences cette prédation sont diverses parmi autre l'immigration massive des jeunes gens vers l'Europe. C'est comme ça que certain à force d'espérer au bonheur de l'étranger finissent coincer dans l'océan devant ce challenge de vie ou de mort.

"Mr l'inspecteur " : Que reprocherais- tu donc aux medias européens et occidentaux pour l'affaire qui opposait vos deux pays voisins ?

"Moi" : Comme c'est dommage de voir les médias occidentaux faire l'actualité d'une non-fraternité qui eut lieu il y a dix ans.

"Mr l'inspecteur" : Que c'était-il donc passé ?

"Moi" : L'ex-président du pays voisin avait une dette envers le nôtre, celle de marier son fils à la fille de notre ex-président. Pendant ce temps cette décision fort déplu à sa population .Quant à l'ex-président du pays voisin, écouter la voix de son peuple était pour lui une décision sage pour voir ses prolonger ses jours au pouvoir. C'était

plutôt une sorte d'insulte, une monnaie de singe aux appréciations de notre ex-président qui pour trouver Revanche déclencha un conflit entre les deux pays. Et quand les deux autres nouveaux présidents avaient succédés à l'un et l'autre personne n'avait reconnu ce conflit.

Comme Mr l'inspecteur continuait à m'interroger il se rendait donc compte que l'unique document que j'avais sur moi ce jour-là c'était ce petit album photo. Après avoir découvert l'histoire qui s'était passée entre le professeur Richard et moi, il estima déjà une sorte d'innocence pour mon dossier. Car pour lui si réellement j'avais un cœur de meurtre j'allais depuis bien longtemps le manifester contre le professeur Richard. Ajoutait-il encore '' il n'y a pas deux choses au monde qui peuvent vraiment diviser les hommes comme la femme et l'argent. Et pour sa part, si j'avais le cœur à compatir avec quelqu'un comme mon ancien professeur, rien n'empêcherait que je compatisse aussi avec celui-là peu importe l'offense. Face aux enquêtes qui allaient se poursuivre ma liberté avait quand même était octroyée contrairement à la loi en Tôlas qui stipulait que le présumé coupable soit toujours détenu jusqu'à la bonne suite des faits.

Suite aux enquêtes approfondies, il avait été révélé un conflit interne qui opposait le responsable du chantier au lieu du parc et le décédé. Du fait que le responsable du chantier de parc voulait maintenant recevoir à lui seul plus de contrats de construction qu'offrait le gouvernement. Et Malheureusement pour lui puisse qu'il n'avait pas respecté le chiffre d'affaire avec les assassins. C'est comme ça que les gars décidaient de ramener le corps au lieu du parc sans pourtant aussi prendre conscience du malheur qui pouvait aussi être le leur ! Pour honorer la mémoire du décédé ce parc fut doté de l'appellation de zédou

*** *** ***

Le Médecin au cœur de Dieu

- *ça c'était à ma sortie de la salle d'opération ! Après plus de dix ans qu'on s'était perdu de vue avec Mirielle et moi c'était enfin dans la salle de bloque que je venais de la revoir. Justement ! A notre première vue elle ne croyait pas ! Et dès lors qu'elle avait fini par croire à ses yeux, la suite n'était que les gros pleurs comme pour une nouvelle de décès. Oui pour elle c'était déjà comme si je devais profiter de l'occasion pour me venger puisse qu'elle se sentait coupable de mon passé. Pourtant jusque-là elle ne savait toujours pas que j'étais déjà devenu chrétien et que je n'avais plus à tenir comme des offenses du passé pour lui compliquer la vie au moment que j'étais apte pour l'aider.*

Elle avait donc arrêté de pleurer seulement lorsque je lui avais avoué ma vie de conversion. De telle sorte qu'elle avait su que je n'avais plus à tenir compte des offenses du passé et qu'elle devait malgré tout se rassurer de sa sécurité dans ma présence.

Printed by Books on Demand GmbH, Norderstedt / Germany